听什么歌都像在唱自己
Toi Comme Une Chanson Qui Chante

网易云音乐 编

人民日报出版社

每次看这里的评论,
总感觉像是在看一段街头采访视频,
每个人都匆匆忙忙,
只是在镜头前留下自己的两三句话,
但总让我仿佛看到了他们的青春,遗憾,喜乐,成长。
步履不停的人也总想找个与世隔绝的角落悄悄地吐露心声,
静静地缅怀追忆,
睁开眼我们又是赶路人。

来自网易云音乐用户诗和distance
在周杰伦《七里香》歌曲下的评论

序

音乐爱好者 丁磊

要让一款产品变得富有人情味,不是一件容易的事。

对于音乐产品而言,过去很长一段时间里,人情味、温度都是远在天边的稀缺品。更多时候,它是一个普通的播放器,点击则播放,关闭则停止。在聆听当下,你的快乐、感伤等纷扰思绪在按下停止键后不久,大多只能随风飘逝。这对我在内的很多人而言,是精神世界的一笔不小损失。

2013年4月,网易云音乐降生了。我们希望它可以创造一个发现、分享和交流的"场",留住每个人最独特的音乐灵感。

就像设计自己的生活一样,云音乐团队精心设计了这个产品的每一处细节,小到播放界面黑胶唱片的转速,大到歌单、乐评等突破性创新,不断地鼓励用户去表达、分享自我情绪。

转眼之间,网易云音乐已经五岁了。现在,4亿个不同的灵魂,在这里相遇、碰撞出了4亿种音乐故事。从妙趣横生的歌单,到金句迭出的乐评,再到近两年的原生短视频内容,因为分享而迸发出的美好、力量,在这里充分展现。

在网易云音乐,每一首被万众追捧的经典歌曲,几乎都穿插有一条同样经典的乐评。大家在这里,交流音乐的好听与否,也交流音乐触发的情感、回忆。这让网易云音乐真的变成一个独特存在,甚至成为一种代表性的文化符号。这是我在决策瞬间未曾想过、却隐约看到的。

有人说,网易云音乐是我个人情怀的体现。其实不然,它更应当说是所有音乐爱好者的情怀体现。没有他们的热爱、追随和贡献,网易云音乐就没有此时此刻的可能性。

为了表达我们对用户的感谢,网易云音乐此次联合了人民日报出版社,将200余条精彩乐评整理成册,作为我们的一个小小心意回赠给作者。

我希望,这些温暖、智慧而富有力量的文字,能够成为更多人幸福、孤单、倦怠时刻的陪伴。我也相信,若干年后,无论世界几何,今天我们用心留下的这些文字,仍能触发最初打动了你的——音乐的力量。

索引 L, x, y

L - 左页　R - 右页　x - 横坐标　y - 纵坐标

A

阿乐别慌　L, 25, 22
阿咦　L, 25, 37
艾维儿　R, 3, 34
爱拼的人生更精彩　L, 24, 23
安略其　R, 4, 11
嗷嗷的嗷嗷虎　R, 7, 29
A Deiia　L, 25, 29
Aurora　L, 20, 22
Awkward　R, 4, 31

B

八百里加急　R, 7, 20
白鹿巷诗人　R, 5, 24
斑点森林　L, 27, 36
半月而头发长了　R, 6, 28
薄荷吸吸　L, 25, 18
爆米没花　R, 3, 28
北北找不到东西南北　R, 8, 17
北方女老汉 I　R, 9, 17
北方女老汉 II　R, 6, 24
背包侠Bill　L, 26, 15
背城离开　L, 20, 30
彼黍离离　R, 3, 31
笔耕不拙　L, 25, 16
病毒患者　L, 27, 39
不期而至　L, 25, 30
不再扎马尾　R, 4, 14
Black Narcissu　R, 1, 33
Blue　R, 9, 23
Born Sick　R, 4, 25

C

曾忘情 I　L, 23, 39
曾忘情 II　R, 9, 21
陈北及　L, 18, 25
陈生生　L, 28, 19
陈禹锋　L, 5, 16
陈熙泽　L, 24, 27
橙子橙子橙子橙子橙　L, 26, 40
愁容骑士　R, 8, 32
此后浪荡而自由　R, 5, 26
次谋咯　L, 24, 24
醋溜6　L, 23, 41
Caipirinha　L, 25, 36

D

耷拉眼大赛冠军　L, 25, 38
哒踏马　R, 6, 21
大海轻吻鲨鱼吧啦　L, 26, 20
呆头大叔　R, 5, 37
单眼皮酒窝女　R, 10, 12
道一下三　L, 27, 26
跌倒了爬起来　L, 25, 39
断尾流星　R, 9, 11
对面五杀怪我咯　R, 6, 32
Dear Human　L, 26, 25
DJ GodVii　L, 27, 20

E

嗯但你是最好的　R, 4, 30
二卷二卷毛　R, 3, 26
Ex Libris　R, 1, 12

F

粉犬　R , 7 , 18
风都不能圈养我　R , 4 , 16
风华绝代梦美人　R , 7 , 30
风起前相遇　L , 24 , 30

G

高辉VanGogh　R , 3 , 13
搁浅　R , 5 , 22
狗粮吃不完啊　R , 5 , 12
孤傲夏哥哥　R , 3 , 10
姑娘你可长点儿胸吧　R , 3 , 16
故事有点远　L , 26 , 28
郭微凉　R , 4 , 17
God Flipped　L , 26 , 21
Griper Gvzal　L , 22 , 18

H

红烧肉也太好吃了吧　R , 3 , 21
侯哥　L , 25 , 27
花娘　L , 25 , 34
花鸟风月泰勒猫　R , 6 , 27
花琦真由　L , 25 , 14
怀抱给你吧　R , 4 , 24
徊梦　R , 5 , 27
HUST小光头　L , 26 , 38

J

叽里咕噜稀里呼噜　R , 3 , 11
贱镇奇迹的时刻　R , 6 , 38
叫我徐先生啊　R , 4 , 28
解解爱皇冠　L , 26 , 30
今晚屌炸天　L , 22 , 34
静听邮筒　L , 25 , 28
酒瓶盖子　R , 5 , 39
酒醉愁　R , 5 , 33
救赎　R , 9 , 30

卷烟童子　L , 26 , 36

K

咳咳　L , 22 , 39
可我像风不会停息　R , 5 , 11
困于星辰　L , 25 , 32
Kenny Su Milky　R , 6 , 13
Kill Rest　R , 5 , 35
K N　R , 4 , 38

L

来者不是你　L , 25 , 13
蓝与灰　L , 22 , 17
老干妈拌雪梨喂张学友　L , 24 , 18
里格Anㄱa　L , 22 , 25
陆鹤安　R , 4 , 39
鹿与折耳猫　L , 24 , 38
Leaf　L , 23 , 38
Liberty 空　L , 24 , 41
0107　R , 14 , 29

M

没有男朋友只有卢浜浜　L , 27 , 33
梦游树　R , 6 , 37
名为绝望的病　R , 5 , 40
明月下西楼　L , 28 , 15
莫莫莫　L , 20 , 29
木心　L , 23 , 40
沐清漂　L , 27 , 15
暮雨　L , 10 , 35
霂白　R , 3 , 32
Mr.54　R , 4 , 10
Mr.Pan Pang　L , 25 , 41

N

南方姑娘的北方　L, 27, 14
南风　R, 8, 16
南国北岛　R, 5, 10
你的丧女友　R, 3, 23
你管我叫什么哦　L, 23, 28
你老扒拉我干哈　R, 9, 28
你全家都是逗比　L, 26, 17
你像南瓜那么美　L, 21, 40
暖恒　L, 22, 31
女孩为何穿短裙　L, 25, 20

P

胖子也柔情　L, 24, 37
P 哥哥听儿歌　R, 6, 26
朴实无桦的么子　L, 25, 26
Pgangmgptam　R, 4, 13

Q

七楼的三姑娘　L, 26, 34
7诗　L, 24, 13
千里烟波　R, 4, 19
千万基佬　L, 23, 13
乔克叔叔　L, 26, 16
青夜交友名片　R, 5, 34
轻羽浮华　L, 26, 14
晴栀　R, 4, 26
秋裤要扎在袜子里才安心　L, 25, 19
雀斑脸啊喂　R, 3, 14
QwQwaQaQ　R, 4, 40

R

让我安静　R, 7, 35
人心不如所愿　L, 26, 26
日日上山放炮的恐怖份子　L, 19, 14
如今故事发展成就一个我　R, 6, 14

如沐　R, 5, 23
如青稞　L, 26, 22
Radio　L, 25, 21
Rajora　L, 24, 32
Remexs　R, 4, 37
Revaluation Reserve　L, 21, 35
Rio Se Co　L, 18, 22

S

上午十一点十三分　R, 8, 35
少年未晚　R, 3, 18
声音最美不过上课铃声　R, 4, 23
十里城外　R, 3, 36
似是而非或是世事可畏 I　L, 21, 24
似是而非或是世事可畏 II　L, 26, 23
数的绵羊都睡了　R, 4, 29
帅的一逼的章先生　L, 5, 17
宋村长　L, 26, 39
苏丽麻乃　R, 7, 27
Sharon　R, 3, 12
Shei La　L, 24, 35
Super Kui　L, 25, 15
S.V.　L, 23, 33

T

她比烟火绚丽　L, 25, 25
太子雏　L, 26, 32
陶侃陶如也　R, 14, 31
Tao源　L, 26, 24
天啊还有什么是不占用的　R, 12, 15
庭有枇杷树啊　R, 3, 20
Thereforet　L, 25, 17

U

Unravel　R, 14, 25

V

Vae的江湖　　L, 21, 29

W

万里飘无云　　L, 26, 13
微博郭小三　　R, 7, 32
为什么要谈恋爱,是不是歌不好听　　R, 3, 19
唯爱郑萌闹　　R, 7, 22
喂喂喂你长得像我的猪　　R, 3, 33
温水　　L, 24, 26
我的阿冉　　R, 8, 15
我是李讨嫌　　R, 5, 30
我虽然长得丑但是我想得美　　R, 7, 15
吴繁繁　　L, 24, 21
五花肉　　L, 25, 24
50号公路　　R, 3, 37
危险　　R, 8, 18
Where　　L, 24, 31

X

戏拒　　R, 8, 13
下午4点的农机校　　R, 3, 25
夏烧　　L, 21, 23
夏舒安　　R, 6, 15
咸蛋超人说　　R, 5, 31
向前吧陈陈　　L, 19, 37
萧三炮　　R, 5, 20
小灰的男朋友　　L, 25, 33
小狼狗精神分裂　　L, 23, 35
小稀毛儿　　L, 26, 19
新垣结衣的小表妹　　R, 5, 21
星夜里的人　　L, 23, 36
姓Zheng的　　L, 20, 21
姓程的奥特曼　　R, 4, 27
凶猛大鲨鱼　　L, 24, 16
序情　　L, 24, 40

璇窝　　L, 27, 37
薛定谔的想念　　R, 9, 33
雪糕嗯　　L, 23, 23

Y

杨青稞　　R, 7, 19
幺贰捌　　L, 26, 18
一夫哥昨天说了什么　　R, 9, 22
一块南豆腐　　L, 24, 19
一言不合就闭眼抖腿　　R, 5, 28
以梦为马　　L, 27, 32
荧光梨　　R, 5, 25
有一个人他叫达三幺　　R, 6, 39
囿岛　　L, 19, 35
余鳜　　R, 5, 14
宇宙中的匿名者　　L, 23, 37
芫喃喻　　L, 23, 16
月落欹南山　　L, 27, 34
云村颜值担当　　R, 7, 36
Yolanda Lin 要欢喜　　L, 23, 27
Yunny X　　L, 19, 28

Z

造物的恩宠　　L, 27, 31
郑可爱喔　　R, 7, 24
终究还是陌生人　　R, 4, 33
捉鳘淋　　R, 2, 10
纵活百年路远人亡　　R, 4, 34
最佳男角　　R, 5, 19
最石头　　L, 26, 27
左甜小柒　　L, 27, 17
Zhang Jing　　R, 4, 22
ZoooLan　　R, 3, 39

打开手机,
进入本书歌单。

让这些饱藏着故事的音乐,
陪伴你走过触动思绪的每一页。

人要是矫情起来,听什么歌都像在唱自己。

来自网易云音乐用户捉鳖淋在陈粒《绝对占有 相对自由》下的评论

喜欢这种东西，捂住嘴巴，也会从眼睛里跑出来。

来自网易云音乐用户 liberty_ 空
在 Ryan Gosling《City Of Stars - Pier》下的评论

谢谢你陪我校服到礼服。

来自网易云音乐用户南国北岛在张敬轩《断点》下的评论

多少人以朋友的名义默默地爱着！！！

来自网易云音乐用户 Mrpan_pang
在孙燕姿《遇见》下的评论

喜欢就去表白呀,Like拼出来不就是立刻吗?

来自网易云音乐用户 Mr 54 在宋冬野《董小姐》下的评论

我想做一个能在你的葬礼上描述你一生的人。

来自网易云音乐用户醋溜6在梶浦由記《Palpitation!》下的评论

> 我在最没有能力的年纪,
> 碰见了最想照顾一生的人。
>
> 来自网易云音乐用户孤傲、夏哥哥在老狼《同桌的你(风行版)》下的评论

这世上有很多深情的人,
他们看起来总是漫不经心。

来自网易云音乐用户橙子橙子橙子橙子橙在自然卷《How much》下的评论

可是感情里没有天道酬勤啊!

来自网易云音乐用户叽里咕噜稀里呼噜 – 在韦礼安《知道(Demo)》下的评论

找你聊天找你聊天找你聊天找你聊天找你聊
找你聊天找你聊天找你聊天找你聊天找你聊
找你聊天找你聊天找你聊天找你聊天找你聊
找你聊天找你聊天找你聊天找你聊天找你聊
找你聊天找你聊天找你聊天找你聊天找你聊
找你聊天找你聊天找你聊天找你聊天找你聊

要不你把我删了吧,不然我老是想找你聊天。
来自网易云音乐用户独当一面的女孩不需要立场在刘瑞琦《 房间 》下的评论

今天，是你余生的第一天。

来自网易云音乐用户断尾流星
在 Jai Wolf / Mr Gabriel《Starlight》下的评论

我忘记了你，
但输入法却记得你。

来自网易云音乐用户序情
在 gnash / Olivia O'Brien《i hate u i love u》下的评论

我羡慕甚至嫉妒,你身边每一个无关紧要的人。他们就那么轻而易举地见到,我朝思暮想的你。

来自网易云音乐用户可我像风不会停息在林忆莲《词不达意》下的评论

不在一起就不在一起吧，
反正一辈子也没多长。

来自网易云音乐用户你像南瓜那麼美
在李志《关于郑州的记忆》下的评论

> **一个人能有多不正经，就能有多深情。**
>
> 来自网易云音乐用户安略其在薛之谦《绅士》下的评论

暗恋是一个人的兵荒马乱。

来自网易云音乐用户木心 Lau 在回音哥《你的配角》下的评论

未经允许,擅自特别喜欢你,很抱歉。

来自网易云音乐用户 _Sharon- 在马頔《傲寒》下的评论

"世界上有没有什么糖是苦的?"
"有啊,他的喜糖。"
来自网易云音乐用户 Mr_Rum 病毒患者在陈奕迅《红玫瑰》下的评论

"我们都追到了梦，只是梦里没有彼此。"

来自网易云音乐用户 Ex_Libris_ 在 Ryan Gosling / Emma Stone
《City Of Stars - From "La La Land" Soundtrack》下的评论

缘分就是你等的人，也在等你。

来自网易云音乐用户跌倒了爬起来
在 Ellie Goulding《How Long Will I Love You》下的评论

给你一支口红，
以后每天还我一点就好了。

来自网易云音乐用户狗粮吃不完啊在落日飞车
《Little Monkey Rides on the Little Donkey》下的评论

枕头里装满了发霉的梦，
评论里藏满了得不到的人。

来自网易云音乐用户咳咳123456在 Adele《Hello》下的评论

路过你的世界就不遗憾。

来自网易云音乐用户单眼皮酒窝女
在牛奶咖啡《从你的全世界路过》下的评论

你找不到理想的另一半也很正常啊，你也没成为理想中的自己不是吗？

来自网易云音乐用户曾忘情在卢广仲《鱼仔》下的评论

> **我们的欲望不一样，
> 但我们失望时很像。**
>
> 来自网易云音乐用户戏拒
> 在 Cigarettes After Sex《Apocalypse》下的评论

**直到今天,
你仍是我拒绝别人的原因。**

来自网易云音乐用户 s 宋村长
在 Double D / J-Mo / Michael RUAN《不伪善的话》下的评论

不是老歌变好听了，
是我们都有自己的故事了。

来自网易云音乐用户 kennysumilky 在许茹芸《如果云知道》下的评论

鉴别西瓜里有没有虫,首先你要去敲一敲那个西瓜,梆梆梆……如果里边有虫的话,虫子就会问:谁呀?

来自网易云音乐用户 hust 小光头在 K. Williams《菊次郎的夏天》下的评论

你大抵没那么痴情，
只是被歌曲放大了情绪。

来自网易云音乐用户 _pgangmgptam
在回音哥《你的配角》下的评论

你再忍忍,我马上要放弃你了。

来自网易云音乐用户鹿与折耳猫
在 Izzo Kenpachi《Valley Of The End (Prod. By FlameAlkahest)》下的评论

若能度过一个无悔的青春，
老去又算得了什么呢。

来自网易云音乐用户高辉 VanGogh 在张希/曹方《认真地老去》下的评论

**和你一起的时候，
我从未羡慕过任何人。**

来自网易云音乐用户 Leaf 在苏打绿《我好想你》下的评论

"你长大后想当什么?""小孩。"

来自网易云音乐用户雀斑脸啊喂在金玟岐《孩子》下的评论

**外人觉得你是鲜花插牛粪，
你却认为他才是真正的沃土。**

来自网易云音乐用户耷拉眼大赛冠军在 [ingenting]《#11》下的评论

爱上一个人就会矛盾，
既想卸下所有的伪装，
又想戴上世上最美的面具。

来自网易云音乐用户余鲴在 Kate Havnevik《Think Again》下的评论

喜欢就去表白,
大不了连朋友都做不成,
做朋友又有什么用,
我又不缺朋友,我缺你。

来自网易云音乐用户璇窝在张悬《喜欢》下的评论

我好想你。第一句是假的。
第二句也是假的。

来自网易云音乐用户如今故事发展成就一个我
在 Pianoboy《The truth that you leave》下的评论

是半推半就的暧昧更残忍，
还是快刀斩乱麻的冷漠更仁慈？

来自网易云音乐用户阿咦_在林忆莲《词不达意》下的评论

你在我面前永远闪闪发光,就像整个宇宙的星光都洒在你身上。
来自网易云音乐用户不再扎马尾在 Jai Wolf / Mr Gabriel《Starlight》下的评论

哭啥,这世界除了筷子,什么都可以放下。

来自网易云音乐用户向前吧_陳陳
在 ARIZONA《People Crying Every Night》下的评论

你还太年轻，
遇见对的人了也抓不住。

来自网易云音乐用户我的阿冉
在 mysticphonk / lil peep《haunt u》下的评论

**我一直爱你，
偶尔喜欢别人，
在他们像你的时候。**

来自网易云音乐用户宇宙中的匿名者
在 Cigarettes After Sex《Apocalypse》下的评论

一个姑娘最酷的时候是她不爱你的时候，在你面前一副无懈可击的样子，举手投足都散发魅力。当她开始爱你，慢慢变得没那么神秘，开始素面朝天、说脏话、敏感、吃醋、脆弱……你觉得她世俗了，和大街上所有姿色平平的女人一样，你心里开始打退堂鼓。可这正是她爱你的时候啊。

来自网易云音乐用户夏舒安在朱婧汐《她》下的评论

一双鞋，刚买的时候蹭上一点灰都要蹲下来擦干净，穿久之后即使被人踩一脚可能也很少低头。人大抵都是如此，不论对物还是对情。最初，她皱一下眉你都心疼；到后来，她掉眼泪你也不大紧张了。

来自网易云音乐用户胖子也柔情在宋冬野《平淡日子里的刺》下的评论

还记得你说分手时，如释重负的语气。

来自网易云音乐用户天啊还有什么是不占用的
在 Dear Jane《只知感觉失了踪》下的评论

一个朋友，当别人问起他为什么明明两相情愿却不交往时，他一本正经地说："我怕爱她没有爱自己多。"大家哑然。我们总在寻找伴侣，觅个依靠，但却忘了审视自己：到底有没有爱一个人的能力。

来自网易云音乐用户斑點森林在 my little airport《爱情 disabled》下的评论

又希望你幸福，
又希望你不要太幸福……

来自网易云音乐用户我虽然长得丑但是我想得美
在金玟岐《再见 你好》下的评论

校服是我和她穿过的唯一情侣装，毕业照是我和她唯一的合影。

来自网易云音乐用户卷烟童子在陈奕迅《好久不见》下的评论

仓鼠鼓着腮帮子来到医院，
龙猫大夫说："上火了吗，开点药吧。"
"不，不是，我给你送点吃的来。"
有时候就是这样，你对别人的爱，
在别人眼里像是病。

来自网易云音乐用户姑娘你可长点儿胸吧在梁汉文《七友》下的评论

一生中最幸运的两件事：
一件是时间终于将我对你的爱，消耗殆尽；
一件是很久很久以前有一天，我遇见你。

来自网易云音乐用户 Caipirinha 在薛凯琪《给十年后的我》下的评论

> 喜欢一个人时，
> 吸进去那么多勇气，
> 最后呼出来的都是叹息。
>
> 来自网易云音乐用户陈禹锋在 Fine 乐团《没有人不比我快乐》下的评论

**一个人生活确实没有什么不好，
但有你陪的话，
我会愿意活得更久一些。**

来自网易云音乐用户星夜裡的人在 Zinsin《随便 Cove》下的评论

怕她知道，怕她不知道，怕她装作不知道。

来自网易云音乐用户南风0968
在十指流玉《One More Chance（幻梦 Piano.Ver）》下的评论

怀爱若窃贼。

来自网易云音乐用户围岛
在 Radiohead《Creep》下的评论

> # 我填平了山海,
> # 却发现你在云端。
>
> 来自网易云音乐用户风都不能圈养我
> 在愚青《旧词》下的评论

你送我的打火机丢了，
所以我戒烟了。

来自网易云音乐用户小狼狗精神分裂
在 Double D / J-Mo / Michael RUAN《不伪善的话》下的评论

先别急着爱我，如果你愿意，先来尝尝我的怪脾气、占有欲、自私、任性。

来自网易云音乐用户帅的一逼的章先生在郑欣宜《上心》下的评论

我该开始另外的生活了，
不是所有鱼都生活在同一片海里。

来自网易云音乐用户 Sheilahhh 在 Brambles《Unsayable》下的评论

> **存了这么多分手的歌，好像我爱过一样。**
>
> 来自网易云音乐用户北北找不到东西南北
> 在谢安琪《喜帖街》下的评论

悲伤不必弄得人尽皆知。

来自网易云音乐用户 revaluationreserve
在 Secret Garden《Adagio》下的评论

我看见你了，
就知道我又做梦了。

来自网易云音乐用户北方女老汉
在万晓利《你，来替我做个梦》下的评论

有些回忆就像星光，你以为已经忘记，却在夜深人静时出现在你的天空，那么远却那么闪亮。

来自网易云音乐用户_花娘在 Dennis Kuo《Starlight Memories》下的评论

一个见到你就笑的人，
不是傻子就是喜欢你。

来自网易云音乐用户郭微凉
在 Westlife《Seasons in the Sun》下的评论

最孤独的时候就是听到一首好歌不知与谁分享。

来自网易云音乐用户七楼的三姑娘在张玮玮和郭龙《眼望着北方》下的评论

> **我已经变得温柔了，可是你却不在了。**
>
> 来自网易云音乐用户 WEIXIAN-
> 在 Shane Filan《All You Need To Know》下的评论

> **我本来想送你一个超级可爱的礼物，可是快递员不让我钻进箱子里。**
> 来自网易云音乐用户月落欲南山在许嵩《雅俗共赏》下的评论

春( )

夏( )

秋( )

冬( )

你在，春华秋实夏蝉冬雪。你不在，春夏秋冬。
来自网易云音乐用户野生甜菜在张国荣《春夏秋冬》下的评论

**你的酒窝没有酒，
我却醉得像条狗。**

来自网易云音乐用户今晚屌炸天
在赵照《你就是我最想要的丫头》下的评论

六岁的小堂弟告诉我,他喜欢上了一个女孩。
我问他知道什么叫喜欢吗。他说:"知道啊。
本来我不喜欢胖子,但她胖我就很喜欢;
我不喜欢别人乱碰我的东西,她乱碰就可以。"

来自网易云音乐用户少年未晚在王蓝茵《恶作剧》下的评论

过了很久之后的我才想明白,你一开始和我说的那句"真的对不起",不过是飞机场广播里那种"抱歉地通知又延误了您的班机"。你最后分别时说的"非常谢谢你",是三块一瓶的红茶盖子里的那种"谢谢你的参与"。

来自网易云音乐用户小灰的男朋友在王冕《勉为其难》下的评论

> 如果别人打你一拳,
> 你躲过去了不还手,
> 就会显得对方像个
> 用力过猛的傻子。
>
> 来自网易云音乐用户粉犬在许嵩《雅俗共赏》下的评论

外婆得了阿尔茨海默病,
每天就在床上坐着,
看着床头上已故外公的照片。
有一天她突然问我,
这个人是谁,
我能嫁给他吗?

来自网易云音乐用户 Sv__ 在 Distant.lo
《Beauty (Nujabes Tribute)》下的评论

一个女孩让我帮她寄快递,给了我一个空纸箱让我打包。我好奇地问她:"这是寄给谁的?"她说:"我喜欢很久的一个男生。"我蒙了一下:"可是里面没有东西啊?"她说:"有些东西只有我自己能看见。"我一听更蒙了,问她到底是什么。她说:"一箱情愿。"

来自网易云音乐用户为什么要谈恋爱、是不是歌不好听
在谢春花《我一定会爱上你》下的评论

感情可以培养是一个伪命题吧。如果足够多的时间和爱就可以让另一个人爱上你的话，谁和谁都可以相爱了。爱情之所以会让人死去活来，是因为，答案都写在了彼此第一次见面那天。

来自网易云音乐用户没有男朋友只有卢浜浜在Goldmund《In A Notebook》下的评论

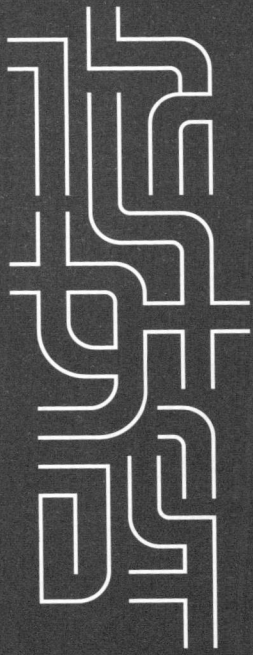

"我喜欢你"四个字,在我肠子里绕了几个弯儿,
在我胸口跌倒好几回,爬到我的喉咙里又开始胆怯,
滑到我的嘴边又改头换面,最后乔装打扮成"你好吗?"又或者是"你在干吗?"。

来自网易云音乐用户威武霸气刘哥在周冬雨/张一山《如果我爱你》下的评论

世界上最糟糕的事情之一，
是觉得自己配不上喜欢的那个人。
就像彼此站在下雨的屋檐，
你不能上前说一句一起走吧，
因为你连伞都没有。

来自网易云音乐用户以梦为马 _____
在麻园诗人《深海之光》下的评论

> **她的手只有我的手四分之三那么大,可我还是没能抓住。**
> 来自网易云音乐用户最佳男角丿在卢冠廷《一生所爱》下的评论

我听过一万首歌，
看过一千部电影，
读过一百本书，
却从未俘获一个人的心。

来自网易云音乐用户 rajorA 在陈粒《奇妙能力歌》下的评论

你是来和我告别的吗？
那就隆重一点，
等我眼里装满泪水。

来自网易云音乐用户杨青稞
在逃跑计划《再见,再见》下的评论

> **我婚礼准备用的歌快找全了，就是新郎找不到。**
>
> 来自网易云音乐用户太子雒在陈慧琳《前所未见》下的评论

听着听着就发现不敢听下去了，人生太短，回忆太长。

来自网易云音乐用户ⓜ千里烟波在久石譲《月光の雲海》下的评论

那个我喜欢的人，
除了你看我的时候，
我都在看你。

来自网易云音乐用户困于星辰在孙燕姿《遇见》下的评论

**我找不到一个像你的人，
于是我活成了你的样子。**

来自网易云音乐用户萧叁炮
在 Adele《Someone Like You》下的评论

你不怕离别的样子，真让人羡慕。

来自网易云音乐用户暖恒 aH
在房东的猫《你是我最愚蠢的一次浪漫》下的评论

> 我一直觉得,伴侣的好绝不在于他表现出来的那些:让女生走马路内侧,说话轻声,制造浪漫之类。我喜欢的,是一个正常人灵魂里躲着的神经病,是一个智者脑子中存在的白痴,是一朵玫瑰脚下的泥土,是宇宙里最特别的那颗星,只被我看见的那部分天真。
>
> 来自网易云音乐用户庭有枇杷树啊
> 在 Rosheen《Star of the County Down》下的评论

没关系我来

你不善言辞,不懂浪漫,不苟言笑,没关系,你不会的我来。
来自网易云音乐用户温水在周深《小小》下的评论

> **我把小半的心送给了你，剩下的大半，用来装你。**
>
> 来自网易云音乐用户八百加急在陈粒《小半》下的评论

以前逛街买衣服,下馆子点菜,我一眼扫过去总能知道她想要哪个。可每次我都只说是巧合。分手好久之后,同学会又碰上了。买刨冰那会儿,她正在看样品,刚要点又被我选中了。她一直追问,我只是笑。吃完饭在KTV,嘈杂中她又坐在对面发来短信问。"我只是能认出你喜欢的那个眼神,因为我在里面住过几年。"

来自网易云音乐用户造物的恩宠v在陈奕迅《不要说话》下的评论

我已不再年轻，只剩和你并肩生活的热情。

来自网易云音乐用户曾忘情
在好妹妹乐队《我们去过许多地方》下的评论

削苹果的时候在心里打赌,如果苹果皮不断,那我们就会在一起,于是小心翼翼削了此生第一条完整的苹果皮,但还是没能跟你在一起。那些年偷偷做尽了幼稚的事,对莫名其妙的东西许愿,单数的花瓣,偶数的台阶,数到三就停稳的列车,只是为了找出一万种你会喜欢我的可能。

来自网易云音乐用户 W--HERE 在 Maty Noyes《falling out of lovE》下的评论

有时候因为太喜欢你了，都不敢让我们的关系更近一点。怕就这样散了，就再也找不回原来的位置。

来自网易云音乐用户红烧肉也太好吃了吧在玉置浩二《Friend》下的评论

如果把暗恋当作专业的话，
六年已经可以硕士毕业了。
可以给一个结业考试吗？
让你知道我偷偷了解你多少。

来自网易云音乐用户不期_而至在回音哥《爱与不爱之间》下的评论

听过小情歌,老情歌,好情歌,坏情歌,怪情歌,所有情歌。然而并没有机会送给你。

来自网易云音乐用户哒踏马在陈粒《怪情歌》下的评论

很久以前，我坐在教室里看书，窗外飘浮着柳絮，广播里放着这首歌，我转头看你，而你正笑着看窗外那个抓柳絮的女生。

来自网易云音乐用户背城离开在周杰伦《蒲公英的约定》下的评论

> **我要露出一点马脚，好让你发现我喜欢你。**
> 来自网易云音乐用户新垣结衣的小表妹
> 在 James Blunt《Give Me Some Love》下的评论

还有两宗罪，
不假思索的怦然心动，
不愿自拔的白日做梦。
来自网易云音乐用户风起前相遇在 Damien Rice《9 Crimes》下的评论

小时候刮奖刮出"谢"字还不扔,非要把"谢谢惠顾"都刮得干干净净才舍得放手,和后来太多的事一模一样。
来自网易云音乐用户你好我是吉祥物在陈珊妮《情歌》下的评论

伸手怕犯错，缩手怕错过。

来自网易云音乐用户解解爱皇冠
在 Ellie Goulding《How Long Will I Love You》下的评论

走不完的路,遇不见的你。

来自网易云音乐用户唯爱郑萌闹
在 Trent Dabbs《I'm Not OK》下的评论

远了怕生，近了怕烦，
少了怕淡，多了怕缠，
要如何跟你搭起桥梁？

来自网易云音乐用户莫莫莫Zz
在林忆莲《词不达意》下的评论

我说过要你快乐,
可惜你看到我就不快乐。

来自网易云音乐用户一夫哥昨天说了什么
在吴国敬《我说过要你快乐》下的评论

没资格吃的醋最酸。

来自网易云音乐用户 ADeiia 在 Luna《Alo, alo.》下的评论你无意间说了一本书的名字，我就偷偷地找来看。
你无意间说了喜欢一种香水，我就偷偷地买来喷。
你无意间哼出了一首歌，我就偷偷地单曲循环。
你经常去的地方，我总是一个人来来回回走在那条路上等着不期而遇。暗恋是世界上最辛苦的秘密，我只能不动声色地坐在这里。

来自网易云音乐用户 ZhangJingzhangjing 在林俊杰《她说》下的评论

我只有一句话：
你的江湖，多远我都来。

来自网易云音乐用户vae的江湖在许嵩《江湖》下的评论

话不要憋着,别人没有读心术,
你不说就会错过许多东西。

来自网易云音乐用户搁浅i、在古巨基《爱得太迟》下的评论

如果有一天你表白成功了，
绝不是因为你感动了我，
而是我笃定我可以爱你更多。

来自网易云音乐用户静听邮筒在王菲《矜持》下的评论

我一生浪费过太多时间，
却突然在意这分钟。

来自网易云音乐用户如沐_在徐佳莹《身骑白马》下的评论

> **"你握着我的痴情
> 说这就是你制胜的筹码。"**
>
> 来自网易云音乐用户故事有点远在萧敬腾《新不了情》下的评论

**喜欢一道菜就吃到吐,
喜欢一首歌就听到烦,
喜欢一双鞋就穿到烂,
喜欢一个人却不能和他到老。**

来自网易云音乐用户你的丧女友
在 Isaac Gracie《Darkness Of The Day》下的评论

我记得你喜欢我，可能是我记反了。

来自网易云音乐用户 yunny_x
在 Daniela Andrade《River of Gold》下的评论

"在你不回复我时,我总天真地以为你在打一段很长的对话。"

来自网易云音乐用户声音最美不过上课铃声
在张三李四《等无此人》下的评论

"有人说爱上小溪是因为没见过大海，但其实我见过银河却只爱你这一颗星。"

来自网易云音乐用户你管我叫什么哦在陈粒《怪情歌》下的评论

**你是我不可言喻的欢喜，
我是你若有若无的归期。**

来自网易云音乐用户 ____BLUE
在以冬《你一生的故事》下的评论

> 我就不喜欢说情话,
> 因为在你身边的时候都用光了。
>
> 来自网易云音乐用户 Lustre_ 陈熙泽在李宥傳《谎言》下的评论

> **那天我在街上看到一棵奇形怪状的榕树,第一反应竟是拍下来给你看,我就知道我完了。**
>
> 来自网易云音乐用户郑可爱喔
> 在阿肆《所幸(世界再大,我走不出你)》下的评论

愿我能在你清晨薄雾般的眼神里，愿我常在你清澈安详的心湖底。

来自网易云音乐用户 YolandaLin 要欢喜
在李健《贝加尔湖畔》下的评论

所以我并不是单身，我只是在等人。虽然我不知道那个人什么时候来，他会不会来，但我知道他值得我等。

来自网易云音乐用户北方女老汉
在谢春花《我一定会爱上你》下的评论

适合一个人听的歌,偏偏想要分一只耳机给你。
注定要一个人走的路,偏偏想要停一停等你陪我。
我不介意孤独,因为它自由;我渴望有你因为它温暖。

来自网易云音乐用户侯哥 M 在 Sleep Dealer《Hidden Path》下的评论

人这辈子，最害怕突然把某一首歌听懂了。

来自网易云音乐用户白鹿巷诗人在陈奕迅《富士山下》下的评论

俄罗斯方块教会了我们：如果你合群就会消失。

来自网易云音乐用户 WarmEnvious 在 CG《文爱》下的评论

"这不是你梦寐以求的长大吗?
你怎么愁眉不展?"

来自网易云音乐用户怀抱给你吧在刘昊霖《儿时》下的评论

心仪的鞋子断码了,就去旁边店买一件漂亮的大衣。常去的面馆停业了,就去别家吃一碗好吃的粉。喜欢的人离开了,就好好上课好好工作挣更多的钱。有无数种方式可以让自己开心,也有无数条大路可以通向未来。人会成长,曾经沉迷的东西都会沦为可有可无的消遣。没有什么是不可替代的,包括你。

来自网易云音乐用户最石头在崔开潮《声声慢》下的评论

马上就要结束一年的单身生活，开始新一年的单身生活啦！

来自网易云音乐用户荧光梨
在 James Blunt《Give Me Some Love》下的评论

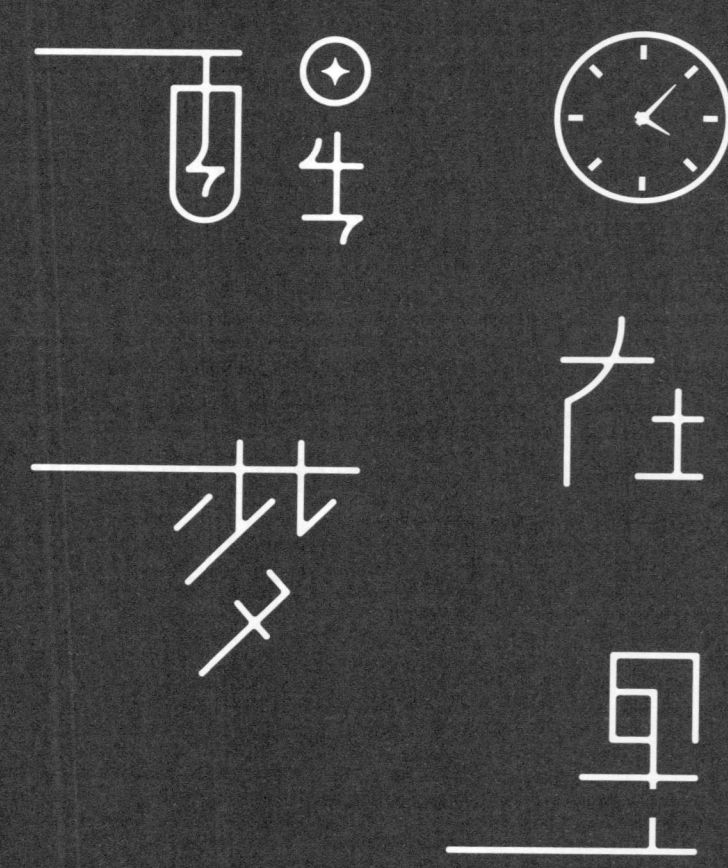

据说,夜里睡不着的人,是因为醒在别人的梦里。
来自网易云音乐用户 如花一般绽放、在 Parker Millsap《Old Time Religion》下的评论

> **无奈的是,语言这东西,
> 在表达爱意的时候如此无力;
> 在表达伤害的时候,却又如此锋利。**
>
> 来自网易云音乐用户下午4点的农机校
> 在 Bosques de mi Mente 《Y... de repente... me curaste》下的评论

**所谓安全感,其实真的不用急着从他人身上索取,
不过是反反复复把自己磨炼成铜墙铁壁之后,
再麻木不仁着去独立。
最终面对一切不平静的时候,都能波澜不惊。**

来自网易云音乐用户道一下三在卢巧音《垃圾》下的评论

每个人的裂痕，
最后都会变成故事的花纹。

来自网易云音乐用户 BORNSICK 在梁静茹《会过去的》下的评论

> **我希望她三十岁没嫁,**
> **我也不希望她三十岁没嫁。**
>
> 来自网易云音乐用户朴实无桦的么子在赵雷《三十岁的女人》下的评论

想让你吃醋，
又怕你祝我幸福。

来自网易云音乐用户 unravel 彡
在金允《Rainy Morning》下的评论

你总让我觉得，
我们的关系不止如此，
却又只能这样。

来自网易云音乐用户温水在习谱予《等下一个他》下的评论

今天情人节，我和我的猫都好想你。
骗你的啦，其实我没有猫，也没有你。

来自网易云音乐用户二卷二卷毛在任然《凉城》下的评论

**先说爱的人总是先离开，
后心动的总是难以释怀。**

来自网易云音乐用户人心不如所愿
在房东的猫《不知归期的故人》下的评论

你是不是又在苦心翻找一句话，只为了给那个人看。

来自网易云音乐用户此后浪荡而自由在于瑞洋《简单怀念》下的评论

喜欢的歌不要多听，
喜欢的人也不要久念。

来自网易云音乐用户里格 Anna
在晨曦光廊《小公主》下的评论

人往往在闲得发慌的时候最矫情最脆弱，在深渊挣扎的时候最清醒最坚强。

来自网易云音乐用户 P 哥哥听儿歌在 Cat naps《Time》下的评论

在贫穷、灾难、疾病面前，所有平凡的喜悦，都是奇迹。

来自网易云音乐用户 Dear_Human
在 Ellie Goulding / Matthew Herbert《A Day at a Time》下的评论

我有一个室友，挺胖，总是很晚才睡，
有一次我随口问他为什么每天这么晚睡。
他笑了笑："因为我打呼噜很大声音，
我怕我先睡着了，会吵着你们休息。"
突然感觉什么东西一下就击中了心脏，
总有好多好多人，他们有好多好多的好，
只是你永远不知道。

来自网易云音乐用户晴栀 OuO 在愚青《旧词》下的评论

> 大概有一天,你会知道,
> 两个人嘛,相不相爱,
> 合不合适,能不能在一起,
> 是三码事。
>
> 来自网易云音乐用户她比烟火绚丽＿
> 在张敬轩《春秋》下的评论

不是每段故事都有后来，更多的是无疾而终。

来自网易云音乐用户姓程的奥特曼
在 Jesse McCartney《Because You Live》下的评论

> **有人贩卖情话，**
> **有人收购谎言。**
>
> 来自网易云音乐用户陈北及
> 在好妹妹乐队《谎话情歌》下的评论

**太急没有故事，
太缓没有人生。**

来自网易云音乐用户花鸟风月泰勒猫
在洪尘《似是故人来》下的评论

> **我们都不曾忘记，
> 只是不愿再提起。**
>
> 来自网易云音乐用户 Tao 源在 John Williams
> 《Theme From Schindler's List》下的评论

"长大这两个字多么孤独,
这两个字多么孤独。"
来自网易云音乐用户老板《胆小的爱情》下的评论

听什么歌都像在唱自己
Toi, Comme Une Chanson Qui Chante
⑥网易云音乐

**我已经到了儿时羡慕的年纪，
却没成为儿时羡慕的人。**

来自网易云音乐用户次谋咯在张信哲《别怕我伤心》下的评论

总把后果看得过于严重,难为了自己。就像小学数学考了不及格,站在家门口不敢敲门。其实门那边是热气腾腾的饭菜和妈妈的一句"没关系,下次好好考"。回过头来看,那些曾经让自己寝食难安的事,大多败给了想象。

来自网易云音乐用户徊梦
在 DREAMS COME TRUE《LOVE LOVE LOVE》下的评论

纯音乐的美大概就是：
你在某个地方听到这曲调调，
不知歌名却又无法自拔时，
不能根据歌词将她搜索出来，
不能把她据为己有，
有可能此生只听这一次。

来自网易云音乐用户 FM 五花肉
在 Thomas Greenberg《The Right Path》下的评论

你也只活了一次，凭什么说我选择的人生是错的。

来自网易云音乐用户你老扒拉我干哈
在 Matt Elliott《Prepare for Disappointment》下的评论

祝你们幸福是假的，祝你幸福是真的。

来自网易云音乐用户似是而非或是世事可畏
在好妹妹乐队《我到外地去看你》下的评论

**成功的速度一定要
快过父母老去的速度。**

来自网易云音乐用户一言不合就闭眼抖腿
在 Valentin《A Little Story》下的评论

理想就是离乡。
来自网易云音乐用户50号公路在赵雷《理想》下的评论

**你说我会遇到更好的人，
其实是你想拥有更好的人。**

来自网易云音乐用户半月而头发长了在张国荣《春夏秋冬》下的评论

我已经过了餐桌上有只鸡就一定能吃到鸡腿的年纪了。

来自网易云音乐用户似是而非或是世事可畏
在南拳妈妈《再见 小时候》下的评论

小孩子才问你为什么不理我了，成年人都是默契地相互疏远。

来自网易云音乐用户爆米没花在 Ólafur Arnalds《Lynn's Theme》下的评论

> 她只是看了你一眼,
> 你却在心里演了场电影。
>
> 来自网易云音乐用户雪糕嗯在周杰伦《明明就》下的评论

我不喜欢这世界，
我只喜欢你。

来自网易云音乐用户叫我徐先生啊
在张悬《宝贝（in life）》下的评论

杀气是什么感觉?
你妈妈很郑重地喊你全名的时候。

来自网易云音乐用户爱拼的人生更精彩
在 Robert Miles《Fable-Dream Version》下的评论

> **动了情的痞子,
> 刀都拿不稳。**
>
> 来自网易云音乐用户01_07
> 在郑中基《无赖》下的评论

**喜欢一个人孤独的时刻，
但不能喜欢太多。**

来自网易云音乐用户夏烧在陈绮贞《太多》下的评论

你那么孤独，却说一个人真好。

来自网易云音乐用户数的绵羊都睡了在丁可《If》下的评论

一个人久了,煮个饺子看见两个粘在一起的也要给它分开!

来自网易云音乐用户 Ri-oseco
在金玟岐《岁月神偷》下的评论

世界如此广阔，
人类却走进了悲伤的墙角。

来自网易云音乐用户嗷嗷的嗷嗷虎
在宋冬野《斑马，斑马》下的评论

没有人会喜欢孤独，只是比起忽冷忽热，孤独让人感到踏实。

来自网易云音乐用户 Auroraaa
在 Sleep Dealer《Away》下的评论

打了辆出租车，中途发现司机绕路了，顿时眼睛就红了，也许他是世界上唯一想跟我多待一会儿的人吧。

来自网易云音乐用户嗯但你是最好的在李荣浩《老街》下的评论

毕业季时候，因为离校手续出了问题，我自己留在宿舍打游戏，室友一个个地离去。开始也没觉得怎样，游戏从早上打到下午，点外卖的时候习惯性问室友吃什么，结果一回头空荡荡的宿舍只有自己。夕阳从外照进来像是午觉突然醒了，孤独在黄昏里跳动，心脏像是挨了一记闷拳。孤独就像人说的那样，最后走的人关门最轻。

来自网易云音乐用户如青稞在 Jam《不露声色》下的评论

早上出门前慌乱之中掉在地上的东西,晚上回来睡觉时还在原地。

来自网易云音乐用户风华绝代梦美人
在 Lotte Kestner《Until》下的评论

仿佛一下子回到了90年代的夏天，你光着上身，穿着大裤衩，一双简单的人字拖，摇着一把破旧的芭蕉扇，VCD里转动着盗版的碟片，满满都是广东香港泛滥到内地的流行歌曲和港片，手里的冰激凌在融化，碟片偶尔会卡，你拿起遥控摁了一下快进键，一下子就这么快进了十几年。

来自网易云音乐用户阿乐别慌在草蜢《失恋阵线联盟》下的评论

有些事，不说是个结，说了是个疤。

来自网易云音乐用户丨救赎、
在宋冬野《安河桥》下的评论

余生好长,你好难忘。

来自网易云音乐用户 GOD_Flipped
在 Secret Garden《The promise》下的评论

小时候,暑假都要去农村外婆家,外婆背着我踏过麦田坎儿去一口浅井打水洗衣服,井里好多小虾,那水甜过农夫娃哈哈。20多年过去了,她80岁了,得了抑郁症和老年痴呆,再也背不动我了,还好,我能背得动她。

来自网易云音乐用户我是李讨嫌在周杰伦《稻香》下的评论

> 年轻的时候,梦想在远方。
> 在远方的时候,梦想在家乡。
>
> 来自网易云音乐用户 radiooooooo 在南拳妈妈《牡丹江》下的评论

小时候跟着父亲去城里卖西瓜，害怕同学会看到我，就拼命地将自己隐藏起来，一路心惊肉跳。现在想来那条路绿树成荫，阳光温暖，若不是我害怕面对自己的不完美，一定能看到许多美好的景致，那条路，正如其他的所有路，从来都不应该被逃避。

来自网易云音乐用户 awkward 在朴树《平凡之路》下的评论

> **回家的路不远，
> 在梦里走过好几遍。**
>
> 来自网易云音乐用户姓 zheng 的
> 在樱桃帮《庭院》下的评论

> 如果我奶奶还在的话，我去上大学了她该有多孤独啊。她真聪明，在我离开她之前就走了，可是她也真傻，我志愿就填在我们的城市啊。
>
> 来自网易云音乐用户咸蛋超人说在校长《带你去旅行》下的评论

枕在奶奶腿上听这首歌，奶奶七十多，像个好奇宝宝一样用手指小心地划着我的手机屏幕，看看歌词看看封面，把手机凑近耳朵听。时间是让人猝不及防的东西。

来自网易云音乐用户吴繁繁在金玟岐《岁月神偷》下的评论

**我曾在公交车上看到这样一幕：
两位白发苍苍的奶奶相互搀扶着下车。
其中一位奶奶做出请的手势，打趣地说：
美女，下车吧。另一位奶奶也满脸笑容
地说：美女，下车吧。**

来自网易云音乐用户-v 彼黍离离在许嵩《雅俗共赏》下的评论

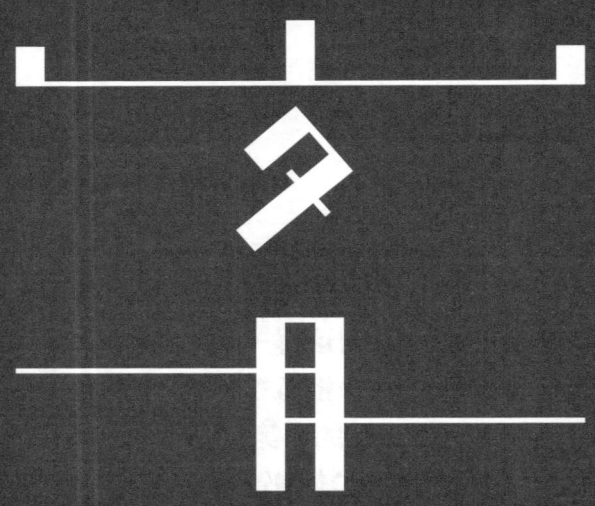

今天坐火车,两个老婆婆坐我旁边,其中一个是来送另一个的。
两人双手拉在一起不停念叨着。
要发车了,一个老婆婆下车,回头说了一句:
"姐啊,今年我79岁,你82岁,这是我们这辈子最后一次见面了。"

来自网易云音乐用户失去呼吸也不愿失去你在李雨/王鼎渊《姐姐》下的评论

青春就是昏睡与暗恋交织的夏天。

来自网易云音乐用户陶侃陶如也
在南拳妈妈《悄悄告诉她》下的评论

十七岁吻的人额头没有粉底。
来自网易云音乐用户大海轻吻鲨鱼吧啦在陈粒《奇妙能力歌》下的评论

十年前第一次给你说晚安,而我却激动得失眠了一整晚。十年后的今晚再给你说晚安,不再失眠,但是你的头压得我的胳膊有点酸。晚安。

来自网易云音乐用户愁容 - 骑士在丢火车《晚安》下的评论

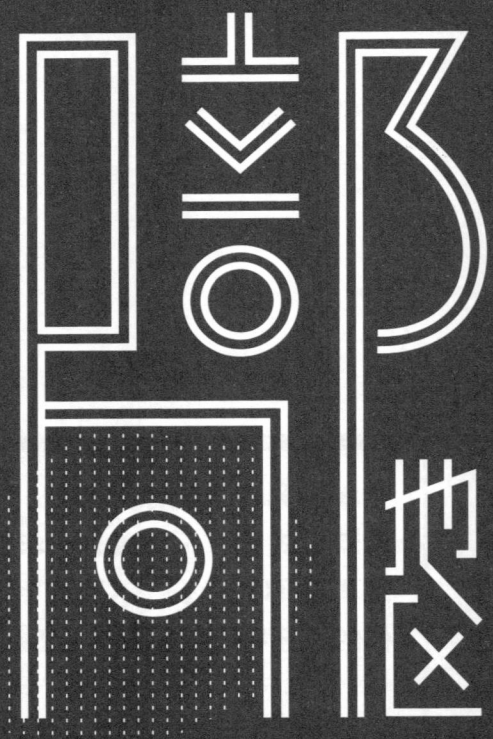

住在"局部地区"的人真可怜,那个地方天天都下雨。

来自网易云音乐用户心如止水o在浦琦璋《渔舟唱晚(cut版)》下的评论

> **所谓骑士总能救出公主，
> 是因为恶龙从没伤害过她。**
> 来自网易云音乐用户霖白 Vel 在梁汉文《七友》下的评论

小时候,每次我爸打完我之后都要说:"打在你身,痛在我心。"
我:"那你为什么还要打我?"
我爸:"我喜欢心痛的感觉。"

来自网易云音乐用户女孩为何穿短裙cic
在南拳妈妈《小时候》下的评论

每次听这歌就想哭。小时候家里穷,一直想去动物园,父母就是不同意。在我再三要求下父亲终于同意带我去。谁知那天下起雨,我坐在自行车前大梁上,和爸爸一起唱歌,他说风雨中这点痛算什么。骑车一个多小时终于带我到县城的动物园,我看到了很多很多动物,鸡鸭鱼猪牛羊。长大才知道那是菜市场。

来自网易云音乐用户微博郭小三在郑智化《水手》下的评论

> **我女朋友爱电音,不土嗨,不矫情,不任性,不追剧,不变心,不存在。**
>
> 来自网易云音乐用户 DJ、GodVii 在 Clean Bandit, Cash Cash, Zara Larsson 《Symphony (Cash Cash Remix)》下的评论

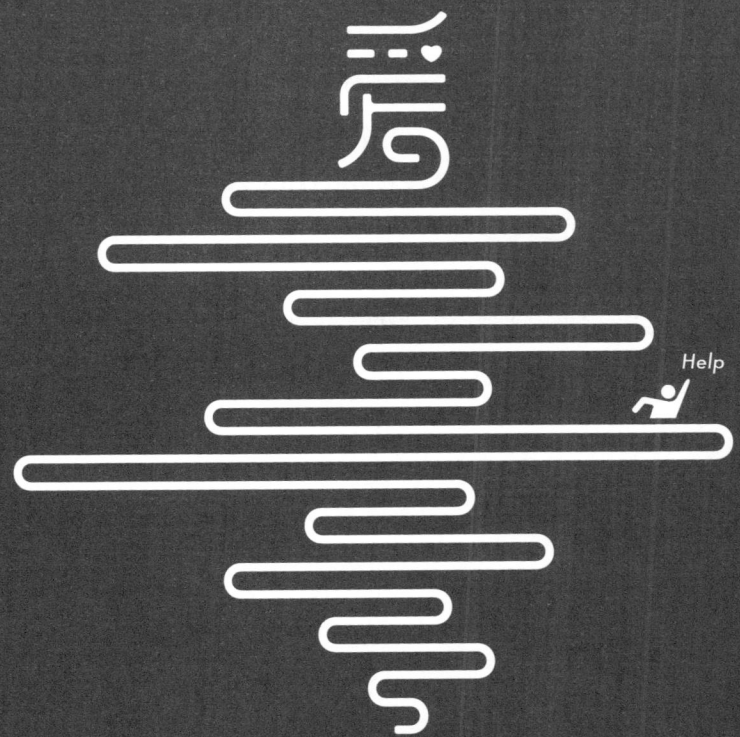

我觉得坠入爱河是件非常危险的事情。我又不会游泳。
来自网易云音乐用户像闪电在张敬轩《只是太爱你》下的评论

以前做听力题,不懂为什么老是聊天气。现在打电话,才发现想说却不知道说什么,还真会聊天气。

来自网易云音乐用户一块南豆腐在好妹妹乐队《关联》下的评论

前几天我因为工作上的事心情不太好,媳妇过来问我怎么了。我马着脸说我们男人的事你女人不懂,当时她转身就走,我还以为她生气了。结果这傻姑娘跑厕所去画了一脸大胡子,跑出来凑我跟前说:Hey,兄弟,怎么了? 对视几秒钟后,我和她都笑得在地上打滚,呵呵,真好。

来自网易云音乐用户对面五杀怪我咯在刘瑞琦《房间》下的评论

"我们玩木头人不许动。"
"来,开始。"
"哎,我认输。"
"为什么啊!"
"因为,我看着你……心动啦!"

来自网易云音乐用户小稀毛儿在 Naomile《仆は君に恋をする》下的评论

现在的人活得太累了，没有诗意。有次跟滴滴司机说我在一朵像小象的云下面等他，他居然骂我神经病。

来自网易云音乐用户 We 终究还是陌生人在李志《天空之城》下的评论

"我喜欢你,做我女朋友可以吗?"
电话的那头没有反应,男生沉不住气了,
小心翼翼地问着:"你在干吗呀?"
"我在点头。"

来自网易云音乐用户陈生生s
在 Clean Bandit《Rather Be (feat. Jess Glynne) (The Magician Remix)》下的评论

> 周杰伦把爱情比喻成龙卷风,我觉得特别贴切。因为很多人,像我,一辈子都没见过龙卷风。
>
> 来自网易云音乐用户酒醉愁在周杰伦《龙卷风》下的评论

> "我们一定要相亲相爱到八十岁。"
> "八十一岁你就想打架了是吧?"
>
> 来自网易云音乐用户秋裤要扎在袜子里才安心在陈小熊《八十岁的歌》下的评论

他们想把我埋了，可不知我却是种子。

来自网易云音乐用户 blacknarcissu
在 Nvrmore《You're The Only One That Wants Me (Around / To Die)》下的评论

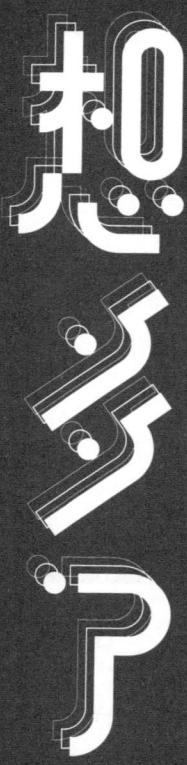

突然好想我对象,也不知道她吃没吃饭,忙不忙,住在哪里,多大了,叫什么……
来自网易云音乐用户我们是不是见过在 Magnus Carlsson《I Need Your Love》下的评论

**生活不是这样就是那样，
总之，不会是你想要的那样。**
来自网易云音乐用户喂喂喂你長得像我的豬在昙骨《既生厌》下的评论

所有的事情都随着时间变得不那么尖锐了，回想起那样漫长的过往啊，这就是成长吧。

来自网易云音乐用户薄荷吸吸在金在中《너를 위해(Live)》下的评论

人永远只能选择一条路，然后怀恋另一条路。

来自网易云音乐用户薛定谔的想念
在 Thomas Greenberg《The Right Path》下的评论

> **时间的绝情之处是，它让你熬到真相，却不给你任何补偿。**
>
> 来自网易云音乐用户 griper_gvzal
> 在 Jah Khalib《Out Of My Head（La La La）》下的评论

小时候，画在手上的表没有动，却带走了我们最好的时光。

来自网易云音乐用户青夜交友名片在刘昊霖《儿时》下的评论

怀旧的人活得总像个拾荒者。

来自网易云音乐用户幺贰捌、在林姗《千错万错》下的评论

如果你觉得生活寡然无味,你无法按照自己的喜好去活,甚至,你连自己喜欢什么都不知道,你感受不到风,感受不到爱,感受不到自己,那么,这很正常,这不是问题,也无须答案。你其实很勇敢,因为你在面对这些。这已经是一个好的开始了。

来自网易云音乐用户纵活百年路远人亡
在 The Coral Sea《Lake And Ocean》下的评论

> **生活从未变轻松，
> 但我们会逐渐强大。**
>
> 来自网易云音乐用户老干妈拌雪梨喂张学友
> 在筷子兄弟《老男孩(Live)》下的评论

十八岁你该读大学了,二十五你得结婚了,三十你得生孩子了,什么时间就该做什么事。难道我八十岁的时候就该死了吗?没有这个年龄该做的事,只有这个年龄想做的事啊!我一点都不想成长为一个出色的大人,我就想永远不要把世界活成理所当然的样子,任何人都该有自己的模样。

来自网易云音乐用户艾维儿在卢广仲《大人中》下的评论

也许将来，你会遇到很多很多人，成熟的人、优秀的人、富有的人。但你永远不会忘记，那个头发被风吹得有点乱，害羞的、勇敢的、一无所有的，少年。

来自网易云音乐用户你全家都是逗比在好妹妹乐队《你曾是少年》下的评论

> "后来"这个词,
> 诠释了一切不想改变,
> 却又面目全非的事。
>
> 来自网易云音乐用户暮雨 twi_rain
> 在 PianoBoy《安静的午后》下的评论

有风雨,就在风雨里恣意奔跑;
平淡时,就静静坐下来喝杯暖茶;
我不是非要把自己过成哪种样子,
日子怎样来,我就怎样爱。

来自网易云音乐用户 thereforet 在韦礼安《身旁》下的评论

就如现在,耳机里响着《借我》,抬头就是我爱的女人窝在沙发里,旁边睡着还有"德芙"。对了,德芙是我们家的哈士奇,德芙很听话,每天早上叫我们起床哈哈哈。太阳的光洒进来,刚好落在她们身上,就如上帝赐予我的珍宝,闪闪发光,从来没有觉得生活会这么的美好,借我一生如今日。

来自网易云音乐用户 KillRest 在谢春花《借我》下的评论

所以不要天天自虐喊着单身狗，
你也可以当个高傲的大犀牛，
享受单身生活。

来自网易云音乐用户 - 蓝与灰在鹏泊《嘟个哩个嘟》下的评论

**四十岁我们再相遇，
你问我什么是风花雪月，
我说：一个成语而已。**

来自网易云音乐用户上午十一点十三分
在张学友《她来听我的演唱会》下的评论

比"爱过"更伤感的两个字就是——"瘦过"。

来自网易云音乐用户左甜小柒在陈珊妮《肥胖者的悲哀》下的评论

**那些撕心裂肺的痛苦，
我已经忘得差不多了。
可是你还给我啊，
把我的渴望还给我，
把我所有的骄傲还给我，
把我当初滚烫的心还给我。**

来自网易云音乐用户让我安静Ⅳ在
苏琛《最后一首情歌》下的评论

我知道你为什么不喜欢我了，因为我喜欢你的样子确实挺丑的。

来自网易云音乐用户s乔克叔叔、在陈粒《自渡》下的评论

**你可以爱一个人到尘埃里,
但没有人会喜欢尘埃里的你。**

来自网易云音乐用户十里城外在许志安《烂泥》下的评论

**后来躺在黑名单的人，
最开始也是踩着七色云彩而来，
照亮过你的整个世界。**

来自网易云音乐用户凶猛大鲨鱼在徐佳莹《修炼爱情》下的评论

**两个人交流时，其实是六个人在交流：
你以为的你，你以为的他，真正的你；
他以为的他，他以为的你，真正的他。**

来自网易云音乐用户云村 - 颜值担当 - 在林忆莲《词不达意》下的评论

诺言只有听的人记得。

来自网易云音乐用户芫喃喻在文筱芮《那个》下的评论

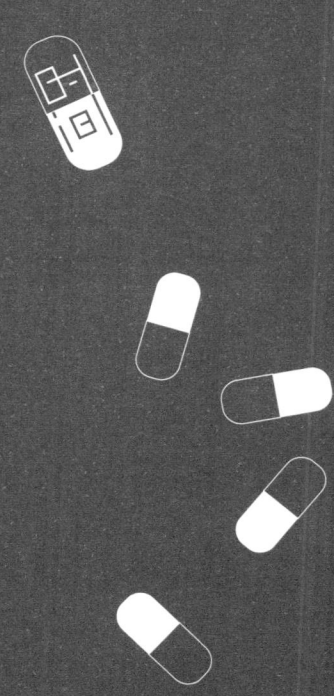

时间是个庸医,却自称包治百病。
来自网易云音乐用户纳尼小人物在潘广益《我好想你》下的评论

初二，被老师当作是考不上高中的人；
初三，成绩班级中等；
中考，压线进了市重点中学，所有人都没想到；
高一，普通班前十；
高二，勉强可以进实验班前十；
高三，终于来到尖子班，与之前只能仰望的人坐在一起。
感谢初中老师的那句：你的人生已经毁了。

来自网易云音乐用户笔耕不拙在 GALA《追梦赤子心》下的评论

吸烟、文身、逃课、打耳洞……这些看起来很酷的事情其实一点都不酷，只要你想去做很容易就能做到。真正酷的事情应该是那些不容易做到的，比如挣钱、读书、爱一个人、成就一番事业，虽然过程辛苦，但能做到就真的很厉害。

来自网易云音乐用户 REMEXS
在 IIO《Rapture (Lametta Made2 Chill Remix)》下的评论

没有草原我还是一匹马,没有大海我还是一条鱼,
没有天空我还是一只鸟,没有光我还是金子。
瘸腿的马,无鳍的鱼,折翼的鸟,蒙尘的金,
但那就是我,那才是我啊。

来自网易云音乐用户背包侠 Bill 在朴树《No Fear In My Heart》下的评论

> **除了时间什么都没有，**
> **除了时间什么都不缺。**
>
> 来自网易云音乐用户50号公路
> 在李晋《没有时间了》下的评论

> 好像喜欢同桌，我成绩不好他是大学霸，我很喜欢跟他聊天，他话不多，只是偶尔点头说嗯。之前突然让我帮他买个耳塞，到了以后我一直没拿给他。昨天他问我耳塞怎么还没到，我说到了，然后低头说了一句："你是不是不喜欢听我说话？"他突然放下笔单手扣住我的手，很温柔地看着我说："喜欢。"
> 来自网易云音乐用户 Superkui 在薛之谦《刚刚好》下的评论

不必站在50岁的年龄，悔恨30岁的生活；也不必站在30岁的年龄，悔恨17岁的爱情。很多事情是不能只拿结果来判定的，人生的每个阶段，都有每个阶段难以摆脱的困境，只要付出了自己该有的努力，就没什么好悔恨的。我们不能站在后来的高度，去批判当年的自己，这不公平。

来自网易云音乐用户呆头大叔在 Aidan Hawken《Walking Blind》下的评论

真正有勇气的事情不是你拿得起什么，而是放得下诱惑。年轻时活得慌乱，好像进了超市的购物狂一样什么都要往里扔，而现在倒慢慢学着停下来考虑是否真的需要，然后把多余的一个个放回货架上。

来自网易云音乐用户沐清溧在房东的猫《美好事物(2017)》下的评论

想念你的时候才觉得自己法力无边，好像连温度都能握在手心里面。

来自网易云音乐用户夢遊樹
在 птичий бит《пожалуйста, не сегодня》下的评论

> 总会把自己的作业本放在她的上面，
> 也许这是我唯一能够守护她的地方。
>
> 来自网易云音乐用户 - 明月下西楼 - 在薛之谦《刚刚好》下的评论

**高中时迟到必须罚唱一首歌，
为了唱这首歌给那个女孩听，
我故意迟到过。**
来自网易云音乐用户 kn--- 在水木年华《一生有你》下的评论

> **八年前，还在高三的一个自习课上，**
> **发短信问那个女孩：**
> **我表白了你怎么不理我了，**
> **我现在心乱如麻啊！**
> **她回我：我也是！**
>
> 来自网易云音乐用户日日上山放炮的恐怖份子
> 在卫兰《心乱如麻》下的评论

高中时喜欢班里一个男生,我学霸他学渣。那天数学老师破天荒查作业,我红着脸站起来,却发现只有我一个人没写。老师也很意外,问还有谁没写。他也磨磨蹭蹭站起来。我们俩被罚围绕操场跑十圈。我自嘲:"唯一一次没写作业就中奖,不像你,整天不写,被抓也不冤枉。"他看了我一眼,轻声说:"我写了。"

来自网易云音乐用户贱镇奇迹的时刻在刘千楚 / 徐逸昊 / 鲁天舒 / 姜玮珉 / 胡梦原 / 张鏊依 / 梁竞元 / 游涵 / 金书援 / 许一璇 / 汪源 / 张凤西《北京东路的日子》下的评论

记得那时候因为成绩下降被班主任喊到办公室批评,他是课代表刚好在邻桌记作业。班主任让我罚站,我忍不住哭了,他停下笔向我的方向望了过来,老师打趣他:"怎么了你心疼了?"他说:"嗯。"

来自网易云音乐用户花琦真由在许嵩/何曼婷《素颜》下的评论

我还记得那节化学课，化学老师叫我喜欢的男生回答氧气是否溶于水，他说不溶，后来老师就叫我回答。我看着他说："假如你是鱼，我是氧气，我不溶到水里，你怎么活呢？"这也算是我长这么大第一次告白吧。

来自网易云音乐用户有一个人他叫达三幺
在卢广仲《鱼仔》下的评论

上了大学，身边的女生多了起来，
觉得这个很漂亮，那个也不错，
但忽然想到了你，便觉得她们也没什么特别的了。
他们都说你不算出众，但我在茫茫人海只看到了你。
来自网易云音乐用户轻羽浮华在李荣浩《不将就》下的评论

> **老头子急急走进卧室，然后把烟藏在家里的一个小角落，准备冲进洗手间把口中的气味刷一刷。突然，他停住了。原来老伴已经走了半个多月了。**
>
> 来自网易云音乐用户酒瓶盖子在徐海俏《南下》下的评论

"你知道深爱是什么感觉吗?"
"就像房间突然黑了,
我不是去找灯而是去找他。"

来自网易云音乐用户南方姑娘的北方在杨宗纬《我变了 我没变》下的评论

我以前，看见美好的事物总是想起你。深秋的浓雾、暖手的茶、黑夜的大雪、小女孩手里的薄荷糖……我想着那些美好的东西你也应该看看，哪怕不是和我一起。可现在我很少想起你了，不怪感情归于平淡，是我现在难得看见美了。

来自网易云音乐用户陆鹤安在房东的猫《美好事物》下的评论

> **悔恨有两重意义,**
> **既是悔恨我们做过的,**
> **也是悔恨我们没有去做的。**
>
> 来自网易云音乐用户来者不是你
> 在 Ariana & the Rose《Love You Lately》下的评论

吃苹果咬第一口，脆生生的苹果发出咔嚓一声。
吃西瓜挖中间那个球，放进嘴里甜得牙疼。
荔枝刚剥出来，一口咬下去汁水飞溅。
草莓洗好了，满满一盆。
你第一次吻我的时候突然停在一英寸的地方，
呼吸有些急促而温热，甜过以上所有。

来自网易云音乐用户 ZoO_oLaN 在 Chelsea Cutler《Your Shirt》下的评论

> 如果你愿意一层一层地剥开我的心,
> 你会发现,里面有二尖瓣、三尖瓣、
> 隔缘肉柱、腱索、乳头肌,就是没有你。
>
> 来自网易云音乐用户千万基佬在杨宗纬《洋葱》下的评论

跟初恋分手的第四年,周末去逛街,在人群里闻到熟悉的香水味,回头寻找,未果。过了一会儿,手机响起,是他,没有署名的号码,问我,你也在万象城吗? 我当时那一个瞬间想大哭一场。原来记忆中的味道,就算过去几年我也依旧记得。

来自网易云音乐用户 qwqwaqaq 在辛晓琪《味道》下的评论

屋外的雨不停，在奶奶的房间里对着风扇吹潮湿的头发。奶奶突然说起从前。从前，爷爷担心奶奶洗头后受凉，特地去镇上买了把吹风机帮奶奶吹头发。听后心头一暖，爷爷也是花了很长的时间才变得温柔体贴。

来自网易云音乐用户万里飘无云在雷光夏《发光房子》下的评论

有时候我希望你的一生能被拍成一部漫长的电影。然后让我比你晚出生一百年,一辈子只做一件事:独自坐在房间里,对着墙上的荧幕光影,用我的一生,把你的一生慢慢看完。

来自网易云音乐用户名为绝望的病_
在 mysticphonk / lil peep《haunt u》下的评论

清晨打开窗户的第一件事,就是和你说声早安;
午饭后收拾好碗筷后的第一件事,就是和你一起午休;
夜晚时趁你睡熟时的第一件事,就是偷偷吻你一下。

来自网易云音乐用户 LIWEN7 詩
在 Astronomyy《Things I'd Do for U》下的评论

愿所有的晚安都有回应。

来自网易云音乐用户梵高先生不姓梵在丢火车《晚安》下的评论

 全书中的好歌都在这里

网易云音乐

网易云音乐是网易公司推出的一款音乐产品,
于2013年4月23日正式发布,
是目前中国活跃的音乐UGC平台、音乐社交平台和独立音乐人平台,
拥有优秀的个性化推荐引擎和强大的在线歌单音乐库。

网易云音乐先后荣获:
百度移动2014中国好应用年度优秀视觉设计
「新华社」2016青春中国——最具人气APP推荐创新奖
2017 iResearch Awards 金瑞——最具投资价值企业奖
2017年金投赏全场大奖——「看见音乐的力量·乐评专列」等50余项大奖。

在「云村」,每一位乐迷都可以找到触动心弦的声音,
在音乐中发现感动、分享感动,
与4亿小伙伴一起,感受音乐的力量。

图书在版编目（CIP）数据

听什么歌都像在唱自己 / 网易云音乐编．
—北京：人民日报出版社，2018.3
ISBN 978-7-5115-5326-3

Ⅰ．①听… Ⅱ．①网… Ⅲ．①随笔-作品集-中国-当代 Ⅳ．①I267.1

中国版本图书馆 CIP 数据核字（2018）第 032825 号

书　　　名：	听什么歌都像在唱自己
编　　　者：	网易云音乐
出 版 人：	董　伟
责任编辑：	谢广灼　　陈　佳
出版发行：	人民日报出版社
社　　　址：	北京金台西路 2 号
邮政编码：	100733
发行热线：	(010) 65369509　65369527　65369846　65363528
邮购热线：	(010) 65369530　65363527
编辑热线：	(010) 65369533
网　　　址：	www.peopledailypress.com
经　　　销：	新华书店
印　　　刷：	北京中科印刷有限公司
开　　　本：	787×1092 mm　　1/32
字　　　数：	52 千字
印　　　张：	8
印　　　次：	2018 年 3 月第 1 版　2018 年 5 月第 5 次印刷
书　　　号：	ISBN 978-7-5115-5326-3
定　　　价：	43.60 元